¡Mira cómo crece!

La vida del girasol

Nancy Dickmann

Heinemann Library
Chicago, Illinois

www.capstonepub.com
Visit our website to find out more information about Heinemann-Raintree books.

To order:

☎ Phone 800-747-4992

Visit www.capstonepub.com to browse our catalog and order online.

Edited by Rebecca Rissman, Nancy Dickmann, and Catherine Veitch
Designed by Joanna Hinton-Malivoire
Picture research by Mica Brancic
Production by Victoria Fitzgerald
Originated by Capstone Global Library Ltd
Translation into Spanish by DoubleOPublishing Services

Library of Congress Cataloging-in-Publication Data
Dickmann, Nancy.
[Sunflower's life. Spanish]
La vida del girasol / Nancy Dickmann.—1st ed.
p. cm.—(¡Mira cómo crece!)
Includes bibliographical references and index.
ISBN 978-1-4329-5277-8 (hc)—ISBN 978-1-4329-5289-1 (pb)
1. Sunflowers—Life cycles—Juvenile literature. I. Title.
QK495.C74D348618 2010
583'.99—dc22 2010034144

Acknowledgments
We would would like to thank the following for permission to reproduce photographs: iStockphoto pp. **4** (© Daniel MAR), **6** (© Feng Yu), **8** (© moshimochi), **9** (© Terje Borud), **11** (© Mary Bustraan), **13** (yellowiris), **16** (© ra-photos), **17** (© Andrey Stratilatov), **18** (© Kathy Dewar), **19** (© Ints Vikmanis), **20** (© Yuri Maryunin), **21** (© LyaC), **22 right** (© Mary Bustraan), **22 top** (© Feng Yu), **22 left** (© ra-photos), **23 middle top** (Arlindo 71), **23 middle bottom** (© Terje Borud); Photolibrary p. **12** (Garden Picture Library/© Kate Gadsby); Shutterstock pp. **5** (© irin-K), **7** (CamPot), **10** (© Evon Lim Seo Ling), **14** (© Tropinina Olga), **15** (© kukuruxa), **22 bottom** (© Tropinina Olga), **23 bottom** (© Evon Lim Seo Ling), **23 top** (© Tropinina Olga).

Front cover photograph (main) of a field of sunflowers reproduced with permission of iStockphoto (ooyoo). Front cover photograph (inset) of a close-up of sunflower seeds reproduced with permission of Shutterstock (© BW Folsom). Back cover photograph of a sunflower shoot reproduced with permission of iStockphoto (© Mary Bustraan).

The publisher would like to thank Nancy Harris for her assistance in the preparation of this book.

Printed in the United States 5306

Contenido

Ciclos de vida

Todos los seres vivos tienen un ciclo de vida.

El girasol tiene un ciclo de vida.

Un girasol comienza su vida como una semillita.

La semilla crece y se transforma en un girasol. Le crecen nuevas semillas. El ciclo de vida comienza de nuevo.

Semillas y brotes

Una semilla de girasol crece en la tierra.

De la semilla nacen raíces que crecen hacia abajo, en la tierra.

De la semilla nace un brote.

Del brote nacen hojas.

Convertirse en flor

La planta de girasol necesita agua y luz solar para crecer.

La planta de girasol crece y se hace más alta.

Crece una yema en la parte de arriba de la planta.

La yema se abre. Tiene pétalos amarillos adentro.

Producir semillas

La flor gira hacia el Sol.

Llega una abeja a alimentarse en la flor.
La abeja tiene polen sobre su cuerpo.

El polen ayuda a que nuevas semillas de girasol crezcan en la flor.

La flor muere.

Algunas semillas caen al suelo.

El ciclo de vida comienza de nuevo.

El ciclo de vida de un girasol

1 Una semilla de girasol crece en la tierra.

2 De la semilla nace un brote y hojas.

3 Crece una yema en la parte de arriba de la planta.

4 La yema se abre y forma un girasol.

Glosario ilustrado

yema parte de la planta que se abre y forma una flor

polen polvo amarillo que se encuentra dentro de una flor

raíz parte de la planta que crece bajo tierra. Las raíces absorben agua que usará la planta.

brote tallo pequeño y verde que sale de una semilla

Índice

Nota a padres y maestros

Antes de leer

Pregunte a los niños si alguna vez han cultivado flores. Pregúnteles si saben qué necesita una planta para crecer. Muéstreles algunas semillas de girasol. ¿Qué otra cosa conocen que se desarrolla a partir de una semilla?

Después de leer

- Organice a los niños en grupos y entrégueles envases de yogur, un poco de tierra y tres semillas de girasol. Muéstreles cómo plantar las semillas y rotule las macetas como 1, 2 y 3. Pídales que coloquen la maceta 1 bajo la luz del sol y la rieguen todos los días; que coloquen la maceta 2 bajo la luz del sol, pero sin regarla; y que coloquen la maceta 3 en un lugar oscuro, lejos de la luz solar, y la rieguen todos los días. Pídales que lleven un registro de lo que les sucede a las semillas. Pregúnteles qué semilla dio mejores resultados. ¿Por qué creen que sucedió esto y qué conclusiones pueden sacar sobre las necesidades de las plantas?
- Explique a los niños que las semillas son una buena fuente de energía. Tueste algunas semillas de girasol y cómanlas juntos como una merienda saludable.